Hommage de l'Auteur
décédé le 8 Avril 1888.

LE SUFFRAGE UNIVERSEL

La République et l'Autorité

DE LA NÉCESSITÉ ET DES MOYENS

D'EN FAIRE UNE TRIPLE VÉRITÉ

CHAPITRE PRÉLIMINAIRE

Par M. PERNOLET

Ancien éléve de l'École Polytechnique

Ancien député de la Seine

PARIS

IMPRIMERIE BREVETÉE CHARLES BLOT

7, RUE BLEUE, 7

Avril 1888

Hommage de l'Auteur
décédé le 8 Avril 1888.

LE SUFFRAGE UNIVERSEL

La République et l'Autorité

DE LA NÉCESSITÉ ET DES MOYENS

D'EN FAIRE UNE TRIPLE VÉRITÉ

CHAPITRE PRÉLIMINAIRE

Par M. PERNOLET

Ancien élève de l'École Polytechnique
Ancien député de la Seine

PARIS

IMPRIMERIE BREVETÉE CHARLES BLOT

7, RUE BLEUE, 7

Avril 1888

THÉORIE ET PRATIQUE

DU

SUFFRAGE UNIVERSEL

CHAPITRE PRÉLIMINAIRE

Le suffrage universel. — Ce qu'il est. — Ce qu'il devrait être.

L'institution du suffrage universel a eu pour objet, en France, d'investir toute la population masculine et majeure (considérée comme le représentant naturel et seul permanent de la souveraineté nationale) du droit de voter pour le choix des membres des assemblées parlementaires, municipales et autres.

C'est ainsi que, depuis quarante années, tout citoyen français âgé de 21 ans est officiellement reconnu dépositaire d'une part égale de la souveraineté nationale, sans pouvoir l'exercer autrement qu'en la déléguant, mais aussi sans avoir à invoquer d'autre titre à ce privilège qu'un simple droit de naissance et de sexe.

Assurément quelques titres de plus pourraient n'être pas inutiles pour bien remplir une fonction de cette importance; toutefois, quelles sortes de titres exiger? Qui

en déterminerait l'espèce et le degré? Qui jugerait ensuite si toutes les garanties désirables sont suffisamment
présentées par chaque postulant? En outre, on pourrait
toujours objecter aux prétentions des esprits trop exclusivement enclins aux considérations doctrinaires que,
abstraction faite de la qualité de catholique, il n'a rien
été exigé de plus que la naissance et le sexe, pendant
cinq cents ans, pour être roi de France, c'est-à-dire
pour être l'unique et immuable représentant de la souveraineté nationale. Maintenant que la souveraineté nationale se trouve définitivement déférée d'un roi, tuteur
providentiel de la Nation, à la Nation elle-même, seule
responsable désormais de l'intégrité et de l'honneur de la
Patrie française, c'est la Nation, c'est tout le monde, par
conséquent, qui doit veiller au salut commun.

Au reste, il n'y a pas à discuter ce propos pour le moment, puisque les six ou huit partis politiques qui di-
visent si malheureusement notre population sur tant de
points semblent s'accorder, non seulement sur le principe
même du suffrage universel (principe que — sauf une
addition nécessaire, selon moi, pour y comprendre tout
le monde au moyen d'une représentation convenable de
la famille, — j'estime non moins rationnel que libéral,
véritablement républicain, et, de plus, essentiellement
chrétien), mais aussi sur l'application qu'on fait de ce
principe. C'est de cette application que je me propose de
contester la justesse, bien qu'elle soit consacrée en appa-
rence par une pratique traditionnelle.

Sans grand inconvénient autrefois pour un régime
monarchique et censitaire, la procédure conservée est
devenue, non seulement inconsidérée, mais absolument
inique en République et sous le régime du suffrage universel, parce qu'elle est en contradiction flagrante avec
le principe de l'institution dont nous nous occupons.

En effet, la proclamation du suffrage universel aurait
été un leurre, peut-être une perfidie, s'il ne devait pas

en résulter, pour l'universalité des citoyens, un moyen sûr d'être représentés par des hommes de leur choix, partout où les intérêts de tous sont en cause. Or la procédure suivie depuis quarante ans pour l'exercice du suffrage universel maintient, comme partie essentielle de la loi électorale, la vieille coutume de ne compter pour valables que les votes de la majorité présente au scrutin, c'est-à-dire de pousser la rigueur jusqu'à ne tenir compte que des suffrages de la moitié plus un des votants, moitié qui, aux termes même de la loi électorale, peut se réduire à n'être plus que le quart des électeurs inscrits, sans rien perdre de sa puissance. Il résulte de là que les droits des trois quarts du corps électoral sont admis, de propos délibéré, par le législateur, comme pouvant être annulés par la réglementation adoptée. Eh bien! il arrive souvent qu'une aussi large annulation se réalise plus ou moins complètement dans la pratique courante, comme on le verra plus loin (1).

Sous le régime de la loi électorale en vigueur, il pourrait même arriver que plus des trois quarts de la population française se trouvassent un jour dominés et sacrifiés par une minorité du corps électoral réduite à n'être plus que la moitié du quart restant, auquel la loi permet de s'emparer des pouvoirs de la souveraineté nationale. Cette nouvelle élimination est due à ce que les élus du quart vainqueur au scrutin électoral sont inévitablement destinés à se voir coupés presque en deux, à la suite des délibérations législatives] qui ont pour résultat de reléguer parmi les vaincus le parti qui, n'étant point parvenu à conquérir la majorité du Parlement, se trouve frappé de déchéance.

---

(1) En 1848, on allait jusqu'à admettre que les suffrages d'un huitième des électeurs inscrits suffisaient pour l'élection de tout candidat ayant obtenu les voix de la majorité des votants. C'est un peu plus tard qu'on a élevé le *quantum* nécessaire au quart, mais sans même l'exiger pour le cas de ballottage.

C'est ainsi qu'il serait possible qu'un dixième, par exemple, du corps électoral se trouvât en situation de régner, de gouverner et de s'imposer au pays par ses élus, qui, en leur qualité de membres des majorités parementaires, se considéreraient comme les seuls représentants légitimes de la souveraineté nationale, et feraient à ce titre, sans scrupule, des lois auxquelles seraient tenus de se soumettre aussi bien les vaincus des scrutins électoraux et les vaincus des scrutins parlementaires que les absents, les abstenants et le reste de la Nation, c'est-à-dire de la population de tout âge et de tout sexe.

Telles sont, en gros, les conséquences possibles de la réglementation que je crois nécessaire de modifier.

En présence de pareils résultats, auxquels donne lieu aussi bien le vote au scrutin de liste que le vote au scrutin uninominal d'arrondissement, il est difficile d'admettre que le recours au suffrage universel ait efficacement intéressé la Nation, c'est-à-dire la population entière, à la bonne gestion de ses affaires. Il est évident en effet que, tel qu'il fonctionne en France, le suffrage universel n'a pas du tout eu pour effet d'assurer, ou, pour le moins, de faciliter autant que possible la représentation de tous dans les assemblées délibérantes (où ce sont pourtant les intérêts de tous qui se débattent et se règlent souverainement), puisque, en fait, ce n'est qu'une assez faible partie de la souveraineté nationale proprement dite — pas même, comme on le verra plus loin, la moitié de la souveraineté officielle — qui se trouve habituellement déléguée aux députés chargés de parler et de voter au nom du corps électoral, et que, en outre, ce n'est guère que du tiers, ou même du cinquième de cette souveraineté officielle que peuvent se prévaloir ceux des élus qui, à titre de membres de la majorité parlementaire, décident et gouvernent sans contrôle réel et sans appel.

L'institution du suffrage universel fut littéralement

improvisée en 1848 par le gouvernement provisoire, agissant *proprio molu* (1).

Elle était réclamée, depuis quelque temps, à la fois par les républicains et par une partie importante des légitimistes, d'accord sur ce seul point, non pas assurément dans un commun désir d'assurer la participation de tous à l'exercice de la souveraineté nationale, mais bien plutôt parce que chacun des deux partis espérait se réserver le bénéfice de cette réforme, les républicains comptant sur les votes des populations ouvrières, les légitimistes sur les votes des populations rurales, pour obtenir la majorité qui leur permettrait de s'emparer du pouvoir aussitôt que s'ouvrirait la succession de Louis-Philippe. Cette arrière-pensée des ennemis du gouvernement de Juillet 1830 (arrière-pensée que — quoique vieux républicain — je ne crains pas de considérer comme n'ayant jamais rien eu de plus libéral ni de plus patriotique d'un côté que de l'autre) n'a pas cessé de prédominer chez nos différents législateurs bleus, blancs, verts ou tricolores, au cours des sept modifications qu'ils ont fait subir depuis 1848 à la réglementation de l'exercice du suffrage universel, savoir : 1° la réglementation prescrite par le ministre de l'Intérieur Ledru-Rollin ; 2° la modification du 31 mars 1850 obtenue par le ministre de l'Intérieur Léon Faucher ; 3° le retrait de cette modification par le président Louis-Napoléon, qui avait autorisé son ministre à la récla-

---

(1) La décision fut prise à la suite d'une vive réclamation faite, en l'absence de Louis Blanc, par l'ouvrier parisien Albert, membre du gouvernement provisoire, contre une proposition de Lamartine de décréter l'adjonction des capacités, que le gouvernement de Louis-Philippe avait refusée obstinément. Cette proposition, soutenue éloquemment par le poëte, venait d'être acceptée par Arago et Crémieux, et ordre était déjà donné au secrétaire Armand Marrast de la rédiger en décret, lorsque la protestation d'Albert, qui se tenait à l'écart en causant avec Ledru-Rollin, fut appuyée par un discours entrainant de ce dernier en faveur du suffrage universel. Il en résulta un complet changement de front sur toute la ligne, et le suffrage universel fut décrété séance tenante, sans plus de discussion.

mer quelques mois avant; 4° la substitution au scrutin de liste du scrutin uninominal par circonscriptions découpées artificieusement, — régime électoral qui a été pendant près de vingt ans celui de l'Empire; — 5° le retour au scrutin de liste en 1871; 6° la substitution au scrutin de liste du scrutin uninominal d'arrondissement pour les élections générales faites jusqu'en 1885 exclusivement; 7° enfin, le retour au scrutin de liste par département pour les élections de 1885. Il est incontestable que tous ces changements — d'assez faible importance au fond — n'ont jamais été inspirés que par le désir et l'espoir du parti dominant, soit de grossir le nombre des suffrages sur lesquels il croyait pouvoir compter, soit de diminuer le nombre de ceux dont il redoutait l'opposition. Mais pas un seul de nos nombreux partis, tant monarchistes que républicains, n'a jamais voulu entendre parler de toucher à ce que j'appelle le vice de la réglementation en vigueur, savoir : la règle despotique de la représentation de la moitié plus un des votants à l'exclusion de l'autre moitié, cette dernière moitié formât-elle, jointe aux abstenants, les deux tiers et plus des électeurs inscrits, c'est-à-dire une majorité considérable. Or c'est au moyen de cette règle absurde que les droits de la majorité de la souveraineté nationale, représentée officiellement par la partie masculine et majeure de la population, pourraient se trouver escamotés au profit de celle des minorités concurrentes qui serait la plus habile ou la plus heureuse au jeu du scrutin. Je ne crains pas de parler de jeu en pareille matière, parce que le hasard et même la fraude ne sont pas sans jouer un certain rôle dans les résultats des opérations électorales telles qu'elles se pratiquent sous le régime de la réglementation actuelle de l'exercice du suffrage universel.

La possibilité de cet escamotage — disons, si l'on veut, de cette annulation non préméditée — des droits d'une grande majorité des membres du corps électoral, et, par suite, d'une majorité plus grande encore de la Nation elle-même, est incontestable pour qui considère la question, non pas seulement au point de vue de l'action de voter pour l'élection des députés ou des conseillers municipaux, mais en outre, comme je l'ai déjà fait, par rapport à des droits plus importants de cette majorité, les seuls essentiels, à bien dire : d'abord, celui d'être représentée directement dans les différentes assemblées parlementaires où les intérêts publics et même privés de nos huit à neuf millions de familles se débattent et se règlent souverainement; ensuite, le droit de n'être ni négligée, ni surtout sacrifiée par les majorités de ces assemblées.

La question est tellement importante, que je ne crois pas inutile d'y revenir, pour établir, au moyen de chiffres authentiques, le degré de réalité qu'a déjà atteint l'annulation quelque peu subreptice du privilège de la représentation de cette souveraineté nationale que le gouvernement de 1848 a paru concéder si libéralement à toute notre population masculine et majeure.

Tout réduit qu'il est, en fait, par la manière dont on en a réglé l'usage, ce privilège n'en est pas moins jugé excessif par plus d'un bon esprit, en même temps que gros des plus grands dangers. Mais ceux qui ne sont pas encore convertis à l'idée du suffrage universel ont contre lui d'autres griefs que j'examinerai plus tard: ce ne sont pas ceux-là sur lesquels je tiens à appeler d'abord l'attention. Pour le moment, je me contenterai donc de dire, en passant, que, loin de redouter le nombre des votants et de penser à le réduire, je me propose de conseiller l'emploi de moyens nouveaux d'intéresser aux opérations électorales la population entière. Je croirais possible de préparer ainsi l'essor d'un de ces élans de désintéressement, d'union et de courage qui entraînèrent autrefois clercs, nobles et vilains à la délivrance du saint sépulcre. Il serait glorieux pour la génération vivante de ne pas faire moins pour le relèvement de notre chère France. Ce serait le *vox populi, vox Dei* des temps modernes.

Cela dit, passons à la confirmation des résultats annoncés plus haut comme théoriquement possibles, en raisonnant cette fois sur les résultats pratiques empruntés au temps présent.

On m'accordera d'abord, parce que c'est chose évidente, que, par suite de la réglementation vicieuse de l'exercice du suffrage universel indiquée ci-dessus, c'est tout au plus la moitié du corps électoral (ce n'a pas même été quarante-quatre pour cent en 1885) (1) qui peut être sûre de faire entrer les candidats de son choix, et par conséquent de se faire représenter directement, dans la Chambre des députés notamment, sans parler des élections municipales, dont un si grand nombre ne laissent pas moins à désirer que les élections parlementaires relativement à une représentation exacte, complète, vraie par conséquent, du corps électoral (2).

---

(1) Le résumé suivant des résultats de la statistique des scrutins des 4 et 18 octobre 1885, pour les 87 départements de la France continentale, donne les chiffres exacts correspondant à l'une des élections générales qui a présenté le moins d'abstentions, et aussi le plus grand nombre de listes:

Electeurs dont les candidats ont été élus: 4,463,181 pour 10,175,775 électeurs inscrits, — moins de 44 p. 0/0 des inscrits, et moins de 56 p. 0/0 des votants;

Electeurs ayant voté pour des candidats battus: 3,535,665 pour 10,175,775 électeurs inscrits, — plus de 34 p. 0/0 des inscrits;

Electeurs qui n'ont point paru au scrutin: 2,176,924 pour 10,175,775 électeurs inscrits, — plus de 21 p. 0/0 des inscrits.

Les élections précédentes donnaient des résultats peu différents; c'est ce qui m'a autorisé à dire que le vice de la réglementation en vigueur de l'exercice du suffrage universel produit les mêmes effets, soit que l'on vote par arrondissement au scrutin uninominal, soit que l'on vote par département au scrutin de liste. On comprend dès lors pourquoi nous voyons, dans un même parti, des députés et des journaux si peu d'accord sur la préférence à donner à l'un ou à l'autre système, chaque prétendant jugeant la chose au point de vue de son intérêt particulier, qui varie avec la composition politique de sa circonscription.

(2) J'ai constaté à plusieurs reprises que la partie du Conseil municipal de Paris qui imprime aux décisions de ce Conseil une couleur révolutionnaire ne réunit guère que les suffrages du tiers environ du corps électoral.

Donc, au jour même de leur entrée en fonction, par suite d'une réglementation arbitraire et tout à fait inique de l'exercice du suffrage universel, sur environ 10,400,000 électeurs actuellement inscrits, pour une population française de 37,104,000 habitants, il faut compter environ six millions d'électeurs qui, bien que dûment investis par la Constitution du droit de représenter la Nation française dans les comices électoraux, et d'y déléguer leur part de souveraineté nationale à des hommes de leur choix, se trouveraient comme rayés du rôle et destitués du droit d'être représentés dans les assemblées délibérantes, où tous les intérêts que le corps électoral a mission de placer sous la protection des pouvoirs compétents seraient conséquemment débattus et réglés en dehors de l'intervention de la majorité des mandataires officiels de la Nation.

De ces six millions d'électeurs mis en quelque sorte au rebut, il est possible qu'un dixième au plus, c'est-à-dire 600,000, soient empêchés de prendre part au scrutin par des circonstances indépendantes de leur volonté, et que, par suite, il n'y ait pas lieu d'en tenir compte ; mais on voit d'abord qu'il en resterait encore plus de 3,500,000 ayant déposé régulièrement leurs bulletins dans l'urne sans qu'il en ait été tenu compte à leurs candidats, et qu'en outre il peut exister près de deux millions d'abstenants volontaires (1,800,000 environ) qu'il convient, selon moi, d'ajouter à ces deux premières catégories d'électeurs non représentés : ce qui ferait en tout mes 6,000,000 non représentés, contre environ 4,500,000 seuls admis à faire porter au Parlement, au moyen d'hommes de leur choix, leurs vœux, leurs doléances, et même leurs volontés, car ils y ont droit, étant les seuls vrais souverains imprescriptibles. Mais l'oubli, l'abandon systématique des droits de la souveraineté nationale ne se borne pas à priver les deux tiers du corps électoral, qui la représente, des droits appartenant à l'ensemble de la Nation d'une manière inaliénable : un tiers, très près même de la moitié des 4,500,000 électeurs qui sont parvenus à faire admettre au Parlement leurs représentants directs, n'en est pas plus assuré de voir ses intérêts sauvegardés, parce que les élus de ce tiers ou de cette moitié sont destinés à être finalement condamnés à l'impuissance par une majorité parlementaire toujours disposée à être d'autant plus intransigeante qu'elle serait plus faible.

C'est ainsi qu'au lieu de six millions d'électeurs, c'est huit millions environ qu'on doit considérer comme privés de la partie la plus intéressante de l'influence à laquelle ils ont droit en leur qualité de représentants des quatre cinquièmes de la souveraineté nationale.

Tel est exactement le bilan des dernières élections générales de 1885, ramené à l'état actuel de la population qui résulte du recensement de 1886. Ce sont donc près des quatre cinquièmes du corps électoral qui manquent de représentants, au moins de représentants directs.

Pour ce qui concerne les abstenants, on dit volontiers : « C'est à bon droit qu'on en fait abstraction ; pourquoi ne votent-ils pas ? qui ne dit mot consent. » Non ! tous ne consentent pas ; il serait plus vrai de dire que, pour la plupart, ils se résignent ; car il est certain, au moins pour un bon nombre d'entre eux, que, s'ils n'ont pas de représentants de leur choix, ce n'est pas entièrement leur faute, c'est surtout la faute du système qui méconnaît assez les droits du suffrage universel pour ne tenir aucun compte des votes de trois à quatre millions d'électeurs, ceux-là, citoyens actifs qui ont pris la peine, qui ont eu le scrupule, non seulement de se rendre au scrutin, mais, pour plusieurs, d'aller jusqu'à s'y confondre avec des électeurs dont ils ne partageaient pas toutes les inclinations. Ces citoyens d'une correction irréprochable ont, à coup sûr, rempli leur devoir presque au delà de ce qu'on était en droit de leur demander, s'ils ont contribué, comme cela arrive souvent, à grossir un groupe peu sympathique au point de l'amener à égaler, ou même à surpasser le groupe opposé, moins sympathique encore à ces zélés. Ces votants, en dépit de leur bonne volonté et du sacrifice de leurs opinions, n'en restent pas moins sans représentants de leur choix, tout comme les abstenants.

Il est facile d'ailleurs de se convaincre, en examinant de près les résultats, qu'habituellement la majeure partie des vaincus du scrutin sont des adversaires irréconciliables des vainqueurs de leur circonscription, et que souvent même c'est le vice de la réglementation en vigueur, joint à quelque circonstance accidentelle, qui a empêché ces groupes importants de faire passer quelques-uns de leurs candidats. En présence de ces enragés, les abstenants, gens pacifiques pour la plupart, ont été dans l'obligation de rester spectateurs attristés de la bataille, quoiqu'ils fussent parfois eux-mêmes en nombre suffisant pour avoir droit à être représentés dans une certaine mesure, si la loi le permettait.

Il résulte donc de la véridique analyse qui précède que c'est finalement par des adversaires de la majorité du corps électoral, c'est-à-dire par une minorité, que cette majorité peut se trouver, et se trouve souvent représentée.

Est-ce qu'un pareil état de choses (qu'il n'est absolument pas en leur pouvoir de changer) est fait pour attirer au scrutin les nombreux modérés de nos principaux partis, des hommes circonspects en général et de peu d'initiative, il est vrai, mais qui, par cela même, ne sauraient être considérés comme des ennemis de la République, car ils sont les conservateurs naturels de tout gouvernement qui existe? J'avoue que, tout en ayant pour la République beaucoup plus de bonne volonté que n'en doivent avoir plusieurs d'entre eux, je ne puis pas m'empêcher de croire les abstenants complètement excusables de ce qu'ils n'ont pas plus d'inclination pour les intransigeants de droite que pour ceux de gauche, et hésitent à se jeter dans la mêlée des passionnés, des batailleurs entre lesquels se livrent habituellement les luttes électorales à coups de manœuvres, d'intrigues et de déclamations insensées ou mensongères, auxquelles doivent être malhabiles et peu enclins les modérés de droite et de gauche dont se compose vraisemblablement la masse des sacrifiés dont il s'agit. Ce sont probablement pour la plupart des hommes occupés exclusivement du soin de leurs familles et de leurs affaires, des producteurs, par conséquent, dont l'honnêteté et l'utilité au point de vue de l'intérêt public sont au moins aussi considérables que celles de plus d'un politicien, de plus d'un clubiste ou autre coureur d'élections, citoyens de beaucoup d'initiative, je le reconnais volontiers, mais non pas plus méritants pour cela, car on en cite beaucoup qui n'ont pas toujours fait preuve de grands scrupules, aussi bien en paroles qu'en écrits ou en agissements, soit privés ou publics.

Examinons d'ailleurs quelles chances de succès pourraient se promettre des esprits aussi peu au courant des dessous de la politique qu'une bonne partie de nos abstenants, s'ils se hasardaient à prendre part au combat sans s'être assurés préalablement de pouvoir l'emporter par le nombre ou par l'union, non pas seulement sur l'un des deux camps d'intransigeants en lutte (ce qui ne leur serait pas toujours impossible), mais sur leur ensemble, comme la loi en vigueur de la représentation exclusive de la majorité des votants en impose la nécessité. Car c'est la situation qui est faite à cette sorte de tiers parti par la loi électorale: elle lui imposerait l'obligation de réunir à lui seul sur son candidat plus de deux quarts des suffrages, tandis que, des deux groupes intransigeants en lutte, quand ils sont seuls en présence, elle n'exige qu'un quart pour déclarer vainqueur celui qui aurait obtenu une seule voix de

plus que son concurrent, c'est-à-dire un quart plus un!
Est-ce rationnel, est-ce juste?

On comprend donc que le principe d'exclusion de la
minorité des votants qui régit l'exercice du suffrage universel soit la cause principale d'un très grand nombre
d'abstentions, et que, par conséquent, ces apparences de
défaillance ne méritent pas toujours les reproches des
vaincus du scrutin, ni le dédain des vainqueurs.

Ce qui me donne cette persuasion, c'est que moi-
même, bien qu'ayant coutume de considérer comme un
devoir de ne pas rester à l'écart des élections, même
quand je n'ai rien de bon à en attendre, quel que doive
être le vainqueur, j'ai eu occasion mainte fois de cons-
tater que ce ne sont pas les moins sensés, ni les moins
bons Français, qui s'abstiennent de prendre part à ces
luttes de frères ennemis, quand il est clair comme le
jour qu'il leur serait de toute impossibilité d'intervenir
efficacement.

Voilà dans quel esprit je croirais juste de considérer
l'abstention des deux millions d'électeurs dont il s'agit,
persuadé qu'il ne serait pas impossible d'en amener au
scrutin la plus grande partie, si le législateur leur en
facilitait l'accès en leur réservant la place à laquelle ils
ont droit. Des autres 4,500,000 électeurs qui échappent
à l'exclusion des trois catégories composant les six
millions battus ou évincés, le tiers au moins (quel-
quefois bien près de la moitié) est destiné à se voir
comme frappé d'ostracisme à son tour, ainsi qu'on l'a
déjà vu, lorsque leurs élus, ayant été admis au Parlement, s'y trouvent dans le cas de faire opposition à la
majorité parlementaire, et se voient ainsi condamnés, à
titre de minorité, à laisser passer des lois contraires
aux inclinations les plus invincibles de leurs commet-
tants.

Finalement donc, ce n'est guère que deux millions
et demi environ d'électeurs dont les intérêts et les opi-

nions prévalent au Parlement, sur un total d'au plus 10,500,000 électeurs inscrits. Par conséquent, ce sont bien les trois quarts environ du corps électoral — en réalité cette fois, et non pas théoriquement, — qui sont condamnés à rester sans représentants, sinon d'une manière absolue eu égard à l'ensemble des élections, du moins sans les représentants qu'ils avaient ou qu'ils auraient choisis, sans représentants directs en un mot. Il s'ensuit que, le corps électoral ne formant guère plus du quart (28 p. 0/0 en 1885) de la Nation, c'est-à-dire de la population totale, il est incontestable que, dans l'état actuel de notre législation électorale, l'exercice, la jouissance de la souveraineté nationale se trouvent comme accaparés en fin de compte par une partie de la Nation, du pays, du peuple français, si l'on veut, qui n'atteint pas le quart de 28, soit 7 p. 0/0 ; c'est un électeur représenté directement parmi les députés de la majorité pour quinze habitants. Or, à raison de 10,500,000 électeurs, représentants officiels de la souveraineté nationale au nom de trente-sept millions d'habitants, c'est trois ou quatre fois autant d'électeurs qui devraient être représentés au Parlement pour quinze habitants.

Est-ce bien là une représentation authentique, loyale, respectable, de la souveraineté nationale ?

Est-ce bien là ce qu'on est en droit d'attendre, en France, d'une République démocratique qui serait régie libéralement par un suffrage sérieusement universel ? Est-ce le dernier mot de l'organisation du suffrage universel, que ce principe despotique de la représentation de la moitié plus un des votants à l'exclusion de l'autre moitié, principe qu'on croirait emprunté au plus perfide de nos rois : *divide ut imperes*, et qui a pour effet inévitable de diviser les habitants de chaque commune en vainqueurs et en vaincus, les uns ne rêvant qu'écrasement de leurs adversaires, les autres que haine et revanche ? Est-ce d'un état de choses pareil que pourrait

jamais naître l'esprit de pacification, de rapprochement
et d'union si nécessaire au relèvement de la France?

La majorité parlementaire absorbant nécessairement,
et très légalement, tous les droits et tous les pouvoirs
délégués aux députés par le corps électoral, le délaisse-
ment de la dernière catégorie d'électeurs battus au Parlement dans la personne de leurs représentants est inévitable, quel que soit le mode d'élection, tant que, la
politique intransigeante dominant en France, le respect
de toutes les traditions inoffensives et l'amour sincère
de la liberté et de la justice égales pour tous n'auront
pas pris pied dans nos Chambres. Une seule chose serait
possible, à la rigueur, pour ce qui concerne ce dernier
groupe d'évincés : c'est que le vainqueur n'oubliât jamais
que le vaincu n'est pas un étranger, que même il peut
être vainqueur à son tour plus ou moins prochainement,
et qu'à ce double titre il serait ou patriotique ou simplement politique de lui témoigner quelques égards, en mé-
moire du vieux précepte : « Ne fais pas à autrui ce que
tu ne voudrais pas qu'on te fît. »

Mais comment attendre de pareils ménagements de
majorités parlementaires issues de luttes longues et
ardentes : luttes pour l'existence politique, que la réglementation officielle de l'exercice du suffrage universel
provoque et impose, en même temps que la loi tolère,
pour ce cas, l'emploi de toutes les armes que peuvent
fournir les passions les plus aveugles ?

Pas assez fortes pour pouvoir compter sur une longue
durée, les majorités issues de pareilles luttes seraient
plus disposées à anéantir leurs adversaires, si elles le pou-
vaient, qu'à rien faire en leur faveur. C'est en état de
guerre, en un mot, que nous vivons depuis quinze ans :
les modérés des différents partis pourraient seuls y mettre
fin, si la loi leur permettait d'intervenir; mais, on l'a
vu, elle les a désarmés. Or, l'état de guerre étant
non seulement admis, mais pratiqué à la prussienne, il

n'y a pas lieu de s'étonner des conséquences qui s'en-
suivent.

Est-ce que l'Horace survivant aurait pu se dispenser
d'achever le dernier Curiace sans que la soumission
d'Albe à Rome restât compromise ? C'était donc pour
lui un devoir de tuer son beau-frère. Il l'a bien fait voir
à sa sœur. De même pour les vainqueurs définitifs des comices électoraux : du moment que la loi a fait de l'élection une bataille à mort entre hommes de parti, cette
bataille ne peut que se continuer au sein du Parlement
entre les survivants des deux camps. Comme, de part
et d'autre, quelles que soient leurs couleurs, tous sont
également convaincus qu'ils sont seuls intelligents, seuls
raisonnables, seuls honnêtes, et même seuls habiles, et
qu'à l'imitation de tous les sectaires ils se persuadent
que la fin justifie les moyens, on ne saurait leur demander d'agir comme pourraient le faire de vieux patriotes
libéraux, qui, l'âge aidant, sont devenus capables de mo-
dération, en partie parce qu'ils ont la bonne fortune d'a-
voir toujours vécu de leur travail, sans jamais rien
demander à aucun gouvernement que de faire honneur
à la France. En situation pareille, les républicains de
cette espèce ont été mainte fois dans le cas de reconnaître,
du haut de leur précieuse indépendance, que, dans les
différents partis politiques, religieux, socialistes ou
autres, il y a presque toujours à prendre et à laisser.
Mais ce sont là de ces vérités qui ne pénétreront jamais
dans la cervelle d'un républicain, ou d'un royaliste soi-
disant pur. Ce n'est que parmi la grande masse non po-
litiquante de la France que pareilles idées pourraient
avoir cours ; là, ces idées pulluleront quand on voudra
créer un milieu favorable à leur éclosion et à leur déve-
loppement en assurant et facilitant autant que possible
l'exacte et complète représentation de la Nation entière
dans nos assemblées délibérantes.

Tant donc qu'on n'aura pas ramené les luttes électo-

rales à n'être qu'un loyal recensement de tous les intérêts et de toutes les opinions, une paisible et équitable
répartition des sièges disponibles entre les différents
groupes concurrents, proportionnellement à l'importance
numérique de chacun d'eux, de manière à assurer à toutes
les opinions, à tous les intérêts, la légitime part de représentation à laquelle tous ont droit, sans qu'ils aient besoin de se démener pour la conquérir *per fas et nefas*,
il ne faudra pas compter que les différents partis
considèrent les élections autrement que comme de véritables guerres civiles. C'est en vain que la Constitution
a proclamé tous les citoyens également libres, sans leur
demander le moindre serment; c'est plus vainement encore que la population entière, qui a quelque peu oublié
son Évangile, est invitée publiquement à la fraternité
par l'inscription de notre devise républicaine sur les
principaux édifices : les étrangetés, les iniquités à l'égard
des vaincus du scrutin, qui viennent d'être signalées, con-
tinueront de sévir quand même et indéfiniment, avec plus
ou moins d'intensité suivant l'ardeur du tempérament
des combattants et la gravité des circonstances. Malheureusement, ce seront toujours de grandes souffrances et
un très grave péril pour notre malheureuse patrie française, à une époque, où plus que jamais, elle a besoin du
rapprochement et de l'union de tous ses enfants.

Si rien n'était tenté prochainement pour prévenir les
suites des divisions impies que la réglementation actuelle
de l'exercice du suffrage universel entretient dans le
pays, je ne serais pas étonné que la France, à peine
rentrée en possession d'elle-même, en vînt un jour
à être traitée inopinément en pays conquis, non plus
par des envahisseurs étrangers (à qui il doit suffire
que nous nous entre-dévorions), mais par les représentants légaux d'une minorité passionnée du corps
électoral, qui, tricolore aujourd'hui, pourrait aussi bien
sortir du scrutin blanche ou rouge au premier événe-

ment, sans que la masse tranquille et laborieuse du pays eût plus à se féliciter du triomphe passager des uns que du règne éphémère de tels ou tels autres.

J'espère que l'exposé qui précède de la manière si incomplète dont le corps électoral remplit le rôle qui lui est attribué par la Constitution prouvera suffisamment pour ceux qui ne s'en doutent pas du tout, et rappellera à ceux qui ne s'en inquiètent pas assez, que les trois quarts des électeurs, les trois quarts par conséquent du suffrage dit universel (et probablement beaucoup plus des trois quarts de la population française), sont habituellement privés d'une action régulière et directe sur la marche de la politique gouvernementale, de la part d'influence à laquelle tout citoyen a droit sous notre régime de la souveraineté nationale répartie théoriquement entre nos 10,500,000 électeurs.

Cette éviction — très réelle, sans qu'on paraisse s'en douter — d'une très forte majorité du corps électoral est pleine de dangers, parce qu'elle permet aux vainqueurs des scrutins parlementaires, quels qu'ils soient, de se croire autorisés à agir sans scrupule, en toutes circonstances, dans le sens de leurs idées ou de leurs préjugés, qu'ils considèrent comme la seule expression authentique des besoins et des sentiments de la majorité du pays, ou comme la condition essentielle de son avancement dans la voie du progrès.

Or c'est précisément au nom de la souveraineté du Peuple, théoriquement incarnée dans le corps électoral, et pour en mettre la représentation à l'abri de toutes contestations, que — persuadé que les progrès sérieusement possibles et utiles ne peuvent que gagner à la pacification des esprits qui résulterait, selon moi, de l'exacte et complète représentation de la population entière dans nos diverses assemblées délibérantes, — que, dis-je, je crois nécessaire et urgent de remanier la réglementation de l'exercice du suffrage universel dans un sens à la fois plus rationnel, plus juste et plus libéral, plus scientifique, si l'on préfère employer le langage de nos politiciens modernes.

Je dois rappeler d'ailleurs, avant d'aller plus loin, que, lorsque je dis Peuple au lieu de Nation ou de Pays, j'entends parler, non pas, à l'imitation d'un trop grand nombre de républicains, de tel ou tel parti, de tel ou tel groupe, ou même seulement de telle ou telle crédule ou bruyante bande de disciples d'un Sobrier ou d'un Blanqui quelconque, mais du Peuple français, de la Nation française, de la population française au grand complet, c'est-à-dire non seulement de nos dix millions et quelques centaines de mille électeurs inscrits, mais en même temps d'un nombre qui n'est pas beaucoup moindre de mères de famille, avec leur cortège de seize à dix-sept millions de fils et de filles de un an à vingt ans, tout près par conséquent de trente-sept millions d'âmes en tout, si le mot *âme* est encore de mise aujourd'hui en France quand il s'agit de politique républicaine.

Qui oserait prétendre que ces trente-sept millions de Français ne méritent pas tous qu'on tienne compte d'eux? Ils font plus que le mériter, ils y ont droit, selon moi, et je voudrais que ce droit ne restât pas aussi complètement méconnu qu'il l'a été jusqu'à présent dans notre législation électorale. C'est pourquoi je demande qu'on modifie sensiblement la constitution du corps électoral de manière à faire du suffrage universel une vérité.

Or, si réellement plus des trois quarts de l'ensemble du Peuple français sont incessamment dans le cas d'être soumis à des lois faites sans la participation des représentants choisis par eux, n'est-il pas permis de craindre qu'un jour puisse venir où quelque décision importante prise par des majorités parlementaires émanant d'une minorité évidente du corps électoral serait considérée par la masse active de la population — hommes, femmes et jeunes gens — comme n'ayant pas l'autorité nécessaire pour mériter le respect? Et, s'il arrivait ainsi que, le respect du pouvoir, de l'autorité en général, de la loi elle-même, venant à faire défaut à plusieurs reprises dans l'esprit de la majorité de la population, cette disposition se manifestât publiquement sous différentes formes et en différents lieux à la fois, ne serait-il pas possible que la sécurité, que la paix publique en souffrissent gravement, que l'activité du travail et les ressources des familles s'en ressentissent peu à peu, et que, finalement, la fortune du pays se trouvât compromise sérieusement au dedans, en même temps que sa considération, déjà affaiblie, continuerait aussi de décroître de plus en plus au dehors ?

Si de pareilles éventualités sont possibles (et à mon sens elles le sont, quel que soit le parti qui vienne à dominer), si, dis-je, de pareilles éventualités sont jugées possibles, il ne serait que temps de se mettre en garde contre les conséquences de l'état de choses sur lequel je tâche d'appeler l'attention. J'avoue même qu'en me rappelant combien le gouvernement de Louis-Philippe et les républicains eux-mêmes furent surpris en 1848 par la révolution du 24 février, et avec quelle facilité le suffrage universel, organisé comme il l'est encore, passa peu de temps après des républicains aux légitimistes d'abord, puis des légitimistes à l'aventurier de Strasbourg et de Boulogne, qui, après s'être laissé exploiter par Palmerston et Cavour, puis berner par Bismarck, nous a conduits aux humiliations du temps présent, je me demande si, l'impuissance des uns, la faiblesse des autres, l'incohérence des démolisseurs de ministères, l'absence de scrupules des démolisseurs de la société continuant de rendre le Parlement incapable de rien faire d'utile, il ne serait pas possible que pareille surprise vînt inopinément mettre tout en question dans notre malheureuse France, à un moment où d'inconciliables divisions intérieures la livreraient, énervée et isolée, à l'ennemi extérieur.

Au milieu d'écueils pareils, notre vaisseau désemparé serait terriblement exposé à sombrer, si un vigoureux coup de barre ne l'en détournait à temps. Or, dans cette foule d'hommes qui se renouvellent au pouvoir incessamment, s'en trouverait-il, à l'occasion, un seul qui fût digne de confiance, ayant le coup d'œil assez sûr, la main assez ferme pour nous remettre à flot?

J'en doute fort. Dieu nous préserve d'ailleurs d'être jamais réduits à un degré d'impuissance qui puisse excuser le recours à un soi-disant sauveur! Sauvés peut-être, il ne serait pas impossible que nous le parussions un moment; mais déshonorés, nous le serions à coup sûr, et pour longtemps.

C'est nous-mêmes, Français de tous les partis, ce sont aussi ceux qui, pour être restés jusqu'à ce jour, sinon indifférents, du moins étrangers aux luttes fratricides des partis militants, n'en sont pas moins d'aussi bons Français que tous les autres, et non moins utiles au pays, c'est nous tous, patriotes du même sang, jeunes et vieux, riches et pauvres, qui devons prendre la résolution de ne plus rien négliger désormais pour rendre enfin la République capable de relever la France. Pour le moment, c'est l'essentiel, c'est le plus pressé. Le péril est partout où cette nécessité échappe aux partis qui se disputent le pouvoir.

Aide-toi, le ciel t'aidera, dit le plus sage des proverbes; comptons donc, espérons que, si, au moyen d'une organisation plus rationnelle, plus juste, plus libérale, plus républicaine, de l'exercice du suffrage universel, on parvient à mettre la Nation, c'est-à-dire la population entière, en mesure de prendre part à la manœuvre du navire, les écueils en vue cesseront d'être aussi redoutables qu'ils le paraissent du rivage, et qu'alors, des pilotes ordinaires, qui ne nous manqueront jamais, suffiront pour ramener en port sûr, non plus César et sa fortune, dont il faut se garder de ra-

viver le souvenir, mais la fortune présente et tout l'a-
venir de la Patrie française.

Des républicains à foi ardente, dont l'intelligence et
le patriotisme ne sauraient être mis en doute, croient
suffisant de faire appel à l'union, à la concentration,
comme on dit, des républicains de toute couleur, pour
surmonter les difficultés de la situation présente, qu'ils
ne nient pas. Quant à moi, malgré ma vieille inclination
pour la forme républicaine et mon inaltérable confiance
dans son avenir, je juge plus digne, et non moins sûr, d'es-
sayer de fonder le relèvement de la France sur l'emploi de
dispositions nouvelles combinées de manière à amener
des rencontres, des rapprochements, des transactions
qui produisent peu à peu une entente sur certains points
d'intérêt général, et jusqu'à une union plus intime entre
les Français les moins intraitables de tous les partis, sans
distinction de droite ni de gauche. En un mot, c'est la
majorité du corps électoral, et, par elle, la majorité de la
population entière, la majorité de la Nation par conséquent, que je voudrais rallier à l'idée d'orienter peu à peu
la République dans une direction nouvelle qui lui permît
de devenir enfin ce qu'elle devrait être pour faire honneur
à la France et mériter le respect de nos voisins : le gouvernement de tous par tous, au profit de tous, ne laissant
rien d'absolument nécessaire à regretter aux anciens
partis pour tout ce qu'ils peuvent avoir d'utile pour le
présent et pour l'avenir, et témoignant aux partis nouveaux le sincère désir de réaliser successivement ce qu'il
peut y avoir de juste et de pratique dans leurs revendi-
cations.

Je reconnais que, de part et d'autre, il y aurait quelques
sacrifices à faire dans l'intérêt commun ; mais d'ailleurs ils seraient payés en liberté et en sécurité pour
tous. Il me semble même que les sacrifices nécessaires
seraient simplement de la nature de ceux que nous de-
vrions faire spontanément dans la plupart des cas, si

nous nous inspirions davantage du sentiment de fraternité dont chrétiens et républicains ne se montrent pas pénétrés aussi profondément que l'Évangile le prescrit à tous les chrétiens indistinctement, comme le principe religieux essentiel ; sentiment que, de son côté, la République professe impérativement par ses drapeaux, comme le complément nécessaire de la Liberté et de l'Égalité, sans que, hélas! il en soit tenu plus grand compte au pouvoir que dans la foule. Tous donc, nous sommes plus ou moins coupables du mal qui travaille notre pauvre pays.

Tel est l'ordre d'idées qui a présidé à l'étude des modifications que je vais proposer d'apporter à la réglementation de l'exercice du suffrage universel, en vue de faire une vérité à la fois du suffrage universel et de la République, qui, jusqu'à présent, n'ont été, à mon sens, que des espérances illusoires, j'oserai même dire des annonces mensongères.

En supposant que la conception du gouvernement républicain que j'indique soit chimérique, et que, par suite, ce ne soit pas le gouvernement de tous par tous, au profit de tous, qui ait chance de s'établir définitivement en France, pour terminer dignement ce siècle d'expériences de toutes sortes poursuivies vainement à la recherche d'un régime politique capable de durer plus de dix-huit ans, on me persuadera difficilement que mon idéal soit plus chimérique que la prétention qu'on affiche de fonder en France une république respectée, aimée, forte et durable au moyen de ce qu'on appelle la concentration républicaine.

Les inventeurs et propagateurs de cette prétention entendent par *concentration républicaine* le rapprochement, non pas accidentel, mais permanent, l'union loyale de ces six ou sept variétés de républicains ou soi-disant tels, qui, même en étendant leur concentration des anarchistes au centre gauche, ne s'appuieraient encore que sur une moitié au plus du corps électoral, et probablement sur une proportion de la population française plus faible encore, et cela sans autre lien entre eux, à bien dire, qu'une variante du refrain de Voltaire : *Écrasons l'infâme*. Gambetta avait cru, en effet, opérer une diversion, donner une pâture suffisante au gros du parti républicain, en lui soufflant : *Le cléricalisme, voilà l'ennemi !* et l'aristocratie du parti a vécu assez longtemps sur cette profession de foi, plus habile peut-être, au début, que sincère ; mais le gros du parti n'a pas tardé à réclamer quelque chose de plus substantiel, et aujourd'hui, sans lâcher le cléricalisme, on chante publiquement, aussi bien en province qu'à Paris, le *Ça ira !* contre le patron, le bourgeois, le riche et tout ce qui dépasse le niveau des travailleurs les plus paresseux. Entre ces deux catégories de républicains, il se trouve au moins deux groupes de radicaux sensiblement différents, mais également convaincus qu'ils sont les seuls véritables républicains, les seuls capables de comprendre les nécessités du régime nouveau et de l'établir solidement ; néanmoins, ceux-là aussi ne s'accordent entre eux complètement que sur un point, sur l'obligation de considérer et de traiter comme ennemis à ne jamais ménager, non seulement les catholiques, mais quiconque est suspect de légitimisme, d'orléanisme, de bonapartisme, et jusqu'à l'inoffensive troupe, de plus en plus réduite, des républicains qui, n'aimant pas moins la liberté que la justice et n'oubliant jamais la France, se hasardent, de temps à autre, à faire entendre qu'ils ne seraient pas fâchés qu'on pût vivre en République sans mettre hors la loi plus de la moitié de la Nation. Cette considération n'est pas faite pour arrêter les radicaux, qui se vantent d'être les héritiers de ce qu'ils appellent les *géants de 93*, lesquels n'y regardaient pas de si près !

On comprend qu'avec ces incorrigibles instincts anar

chistes ou révolutionnaires d'une partie considérable des républicains, leur concentration, leur union puisse suffire pour enlever une élection, jeter à bas un ministère, et même, à l'occasion, pour renverser un gouvernement; mais gouverner d'accord, avec suite, et de manière à rendre la République respectée de tous, aimée de la majorité de la population, stable et forte, cela ne leur est pas possible, par la raison qu'aucun des deux ou trois groupes qui formeraient le corps principal de la concentration ne pourra jamais faire entrer dans l'esprit de secte qui caractérise la plupart de leurs membres qu'ils doivent se résigner à souffrir une conception gouvernementale autre que celle de leurs chefs particuliers. Pour ces esprits étroits, c'est une question de principe; ils l'expriment dans leurs journaux, en disant plus ou moins clairement : « Un ministère dans lequel n'entrent pas tels ou tels de nos amis ne peut être que la négation de toutes les idées véritablement républicaines. » Or je doute que ce qu'ils appellent la vérité républicaine, sans la définir clairement, soit capable de devenir le trait d'union que je cherche.

Ce n'est donc pas des républicains tels qu'ils se montrent au Parlement, et tels qu'ils apparaissent à la surface des agitations électorales, qu'on doit attendre la pacification des esprits et le rapprochement des partis si impérieusement nécessaire pour ramener à la République la majorité incontestable, évidente, de la Nation, et relever ainsi la France à ses propres yeux, en même temps qu'aux yeux des étrangers.

Lors même que la droite parviendrait, comme elle s'en flatte, à atteindre, en un jour d'élections générales, la prépondérance numérique que possède actuellement la gauche, elle ne serait pas plus capable qu'elle de pacifier les esprits, de rapprocher les partis, et de préparer l'union nécessaire au relèvement de la France.

Elle serait même plus impuissante à accomplir l'œuvre

de relèvement qu'un gouvernement républicain qui vien-
drait à s'orienter dans une direction meilleure que celle
où le nôtre se laisse aller à la dérive. En effet, de nouvelles élections générales faites encore sous le régime du
principe d'exclusion qui régit l'exercice du suffrage
universel depuis son établissement continueraient de
diviser le corps électoral, et plus encore la Nation elle-
même, en trois groupes principaux : deux groupes inconciliables, les passionnés de gauche et les passionnés de
droite, qui auraient, à peu près seuls, leurs représentants
au Parlement, et le groupe des modérés des différents
partis, qui n'existe jusqu'à présent qu'à l'état latent, con-
damné qu'il est, comme on l'a vu, par le vice de la
réglementation de l'exercice du suffrage universel, soit
à se laisser absorber par l'un ou l'autre des deux groupes
en lutte, soit à rester à l'écart. Or, maîtresse du pouvoir
par le fait du scrutin, la droite aurait toujours en face
d'elle, au Parlement, ses adversaires naturels, qui, pour
se trouver réduits en nombre, n'en seraient que plus
ardents et plus intraitables, tandis qu'au dehors elle aurait
à coup sûr une partie de la population, guère moins
nombreuse, mais bien autrement difficile à contenir que
la partie conservatrice, généralement pacifique, qui n'a
jamais créé de graves embarras à la gauche. Dans cette
situation respective des partis, les majorités parlementaires ne représenteraient encore, comme aujourd'hui,
qu'une minorité de la Nation : de sorte que l'autorité du
pouvoir et la stabilité du régime ne seraient pas plus assu-
rées que sous le règne de la gauche. Rien ne serait donc
changé au point de vue de la sécurité au dedans, et de la
considération au dehors, et notre pauvre République
française continuerait de rester assez malade pour être
l'objet d'une quarantaine dédaigneuse de la part de tous
ses voisins.

Je croirais possible de sortir de cette impasse au
moyen de deux très simples modifications de la régle-

mentation actuelle de l'exercice du suffrage universel,
qui, loin de mettre en péril les principes de liberté et de
justice égales pour tous dont le suffrage universel et
la République devraient être la garantie, confirmeraient
pleinement et définitivement ces principes, en les faisant
passer de la théorie à la pratique.

L'objet de ces modifications serait de faire du suffrage
universel et de la République elle-même une vérité, en
faisant participer la population entière à la bonne gestion des intérêts publics et en suscitant du même coup
à la vie politique le groupe des modérés des différents
partis, qui interviendraient par leurs votes, comme mo-
dérateurs et régulateurs, entre les groupes de gauche
et ceux de droite, et contribueraient à orienter le gouvernement vers un changement de direction dont tous les
partis paraissent sentir le besoin, mais qu'aucun n'opé-
rerait spontanément dans le sens le plus désirable, sans
l'intervention de notre troisième groupe, tiers parti dont
le nom n'a jamais été en grande faveur dans les États
constitutionnels, mais qui, eu égard à nos inconciliables
divisions, pourrait sauver la République.

En adoptant les deux modifications proposées, on
mettrait fin au déplorable résultat de la réglementation
actuelle de l'exercice du suffrage universel, qui, tous les
quatre ans, divise la population de chacune de nos
trente-six mille communes en vainqueurs et en vaincus du
scrutin, et on assurerait, autant que possible, l'exacte
et complète représentation de tous les intérêts et de
toutes les opinions de chaque département, de la France
entière par conséquent. Enfin, comme corollaire de
ces réformes, très rationnelles et très libérales assurément, il arriverait que, le Parlement devenant, bon gré
mal gré, l'incontestable représentation de la Nation, du
Pays, du Peuple français pris dans son ensemble, les
majorités qui s'y manifesteraient sur les différentes
questions soumises à ses délibérations auraient une au-

torité que personne ne pourrait plus méconnaître sans être factieux. Ces majorités ne seraient pas impeccables, parce que *errare humanum est* ; mais elles ne seraient pas non plus incorrigibles, comme le sont des majorités artificielles inquiètes du lendemain. Issues d'une représentation à peu près complète de la Nation, elles seraient pénétrées de l'ensemble de ses besoins et n'en méconnaîtraient aucun sans que l'opinion les redressât.

Mais la capacité représentative du corps électoral, complété comme il vient d'être dit, resterait tout aussi illusoire et vaine qu'elle l'est actuellement, comme je l'ai démontré, si elle pouvait continuer d'être annulée par le maintien du principe déraisonnable et inique de la représentation exclusive de la moitié des votants plus un, cette moitié ne fût-elle que le quart des inscrits, et moins encore en cas de ballottage. Donc, pour prévenir l'usurpation des pouvoirs de la souveraineté nationale par une minorité habile ou heureuse au jeu du scrutin, il faut que toute idée de lutte pour l'existence cesse de dominer les opérations électorales et que, dans un département, par exemple, auquel la loi aura attribué cinq sièges au Parlement, ces sièges soient répartis entre les listes concurrentes proportionnellement à l'importance numérique des groupes correspondants. Cette nouveauté ne serait que l'application au suffrage universel du vieux précepte : *suum cuique.*

De cette manière, tous les intérêts, toutes les opinions pourraient s'avouer sans crainte et se grouper sans intrigues ni compromissions, avec la certitude d'être représentés dans les assemblées délibérantes en général, pourvu que, dans la circonscription, un nombre de partisans émissent assez de suffrages en faveur de leurs candidats pour avoir droit à une quote-part entière des sièges disponibles.

L'adoption des deux dispositions nouvelles qui viennent d'être indiquées ferait, ce me semble, de la Répu-

blique française une République modèle, et si, une fois
munie de ces deux instruments de liberté, d'égalité et
de justice, elle n'arrivait pas prochainement à re-
prendre son équilibre, si elle continuait de se laisser
tirailler de droite et de gauche par huit ou dix partis
aussi passionnés et intransigeants les uns que les autres, aussi incapables de rien sacrifier de leurs idées à
leur patrie, et agissant tous de manière que, quel que
soit le vainqueur, une moitié de la France reste toujours exposée à être traitée par l'autre en pays conquis,
c'est que notre malheureux pays serait tout entier en-
vahi du mal de ceux dont il a été dit : *Quos vult perdere
Jupiter dementat.*

L'exposé et la justification des deux dispositions nouvelles qui constituent la réforme proposée seront l'objet
des deux chapitres suivants ; c'est seulement l'esprit et
les traits caractéristiques de ces dispositions que je vais
indiquer pour clore ce chapitre préliminaire.

On a déjà vu qu'il s'agirait d'introduire dans notre
législation électorale deux améliorations capables de faire
une vérité du suffrage universel, qui n'est pas actuellement le suffrage de l'universalité des citoyens, et de la
République elle-même, qui n'est pas encore non plus le
gouvernement de tous par tous, au profit de tous, comme
elle devrait l'être pour mériter d'être appelée République
française.

Pour constituer un corps électoral digne d'être consi-
déré comme légitimement détenteur de la souveraineté
appartenant à l'universalité des citoyens, c'est-à-dire à
la Nation, il ne serait nécessaire ni de changer, ni
d'augmenter le personnel du corps électoral existant,
qui correspond au quart environ de la population ; je me
contenterais de le renforcer, en lui conférant officiellement, à titre de supplément à sa capacité représentative,
des droits qui lui appartiennent déjà, mais dont il n'a pas
été fait usage, qu'on a même méconnus jusqu'à présent

pour ce qui concerne les élections politiques : je veux
parler des droits des femmes et des enfants, dont les
maris et pères sont les représentants naturels. Il y a là
près des trois quarts de la population, de la Nation par
conséquent, dont la meilleure partie a des titres civiques
et patriotiques à faire valoir, qui n'ont rien d'inférieur à
ceux de la population masculine et majeure, et dont il
est temps de ne plus faire abstraction. Cela étant admis,
il importe, selon moi, de proclamer la validité de ces
droits, non seulement pour ne pas exposer des intérêts
respectables à être négligés, mais aussi dans l'espoir que
les entretiens qui s'ensuivraient dans l'intérieur des
familles pourraient contribuer à la pacification générale
des esprits.

L'application de ce nouveau principe, telle que je la
conçois, serait des plus simples ; je maintiendrais à l'électeur célibataire le suffrage que la loi actuelle lui attribue,
j'en donnerais deux à l'électeur marié, et trois au père de
plus de deux enfants. Des bulletins de vote de couleurs
différentes seraient affectés à ces trois degrés de capacité
représentative de la souveraineté nationale.

316. PARIS. — IMPRIMERIE CHARLES BLOT, RUE BLEUE, 7.

www.ingramcontent.com/pod-product-compliance
Lightning Source LLC
Chambersburg PA
CBHW071423030726

47594CB00006B/2556